Paramahansa Yogananda
(1893 – 1952)

VIVRE
SANS PEUR

LIBÉRER
LES FORCES SECRÈTES
DE L'ÂME

Choix de textes et de discours de
Paramahansa Yogananda

À PROPOS DE CE LIVRE : *Vivre sans peur : Libérer les forces secrètes de l'âme* est un recueil de morceaux choisis tirés des écrits, des conférences et des propos informels de Paramahansa Yogananda. Ceux-ci parurent initialement dans ses livres, dans des articles de *Self-Realization* (le magazine qu'il créa en 1925), dans les trois anthologies de la collection de ses discours et essais ainsi que dans d'autres publications de la Self-Realization Fellowship.

Titre original de l'ouvrage en anglais publié par la
Self-Realization Fellowship, Los Angeles, Californie, U.S.A. :
Living Fearlessly: Bringing Out Your Inner Soul Strength

ISBN : 978-0-87612-469-7

Traduit en français par la Self-Realization Fellowship

Copyright © 2013 Self-Realization Fellowship

Tous droits réservés. À l'exception de brèves citations dans des revues littéraires, aucun passage de *Vivre sans peur : Libérer les forces secrètes de l'âme* (*Living Fearlessly: Bringing Out Your Inner Soul Strength*) ne peut être reproduit, archivé, transmis ou affiché sous quelque forme ni par quelque procédé que ce soit (électronique, mécanique ou autre) connu ou à venir (y compris la photocopie, l'enregistrement et tout système d'archivage et de consultation de l'information) sans l'autorisation écrite préalable de la Self-Realization Fellowship, 3880 San Rafael Avenue, Los Angeles, CA 90065-3219, U.S.A.

Édition autorisée par le Conseil des Publications internationales de la Self-Realization Fellowship

Le nom « Self-Realization Fellowship » et l'emblème ci-dessus apparaissent sur tous les livres, enregistrements et autres publications de la SRF, garantissant aux lecteurs qu'une œuvre provient bien de la société établie par Paramahansa Yogananda et rend fidèlement ses enseignements.

Première édition en français 2013
First edition in French, 2013
Cette impression 2023
This printing, 2023

ISBN : 978-0-87612-253-2

1743-J07332

Dans son *Autobiographie d'un yogi*, Paramahansa Yogananda relate la conversation suivante qu'il eut avec son guru, Swami Sri Yukteswar :

« Guruji, j'aimerais bien entendre quelques anecdotes de votre enfance. »

« Je vais t'en raconter quelques unes. – Chacune comporte une morale ! » Le regard de Sri Yukteswar pétillait de malice tandis qu'il m'avertissait ainsi.

« Un jour, ma mère tenta de me faire peur avec une histoire terrifiante de fantôme caché dans une pièce obscure. Je me précipitai immédiatement dans la pièce en question et revins en manifestant ma déception de ne pas avoir trouvé le fantôme. Ma mère ne m'a plus jamais raconté d'histoires d'épouvantes.

Moralité : regarde la peur en face et elle cessera de te tourmenter. »

Vivre sans peur

FAITES DE VOTRE VIE UNE AVENTURE DIVINE

La vie est la plus grande aventure que l'on puisse imaginer. Bien que certaines vies soient sans grand intérêt et pas très palpitantes, d'autres sont remplies d'expériences extraordinaires… Et pourtant, la plus grande aventure dans cet univers est d'explorer la nature de l'Esprit…

Soyez votre propre ami en affirmant votre nature divine

Un safari en Afrique du Sud avec des animaux sauvages n'est rien comparé à l'aventure de la vie en tant que telle. Rien n'est aussi intéressant que la vie et la réalité dépassera toujours la fiction. Grâce à son intelligence, l'homme sait comment se protéger des animaux, mais il ne sait pas comment se protéger contre ses mauvaises habitudes et ses choix malsains. Le plus grand ennemi

---

Les passages traduits sont extraits de « La plus grande aventure de l'homme », un discours tenu au siège international de la Self-Realization Fellowship à Los Angeles. Ce discours est publié en intégralité dans *La quête éternelle de l'homme (Recueil de discours et d'essais, Volume I,* de Paramahansa Yogananda).

de l'homme, c'est lui-même. Plus que de ses ennemis personnels ou nationaux, plus que des microbes, des bombes ou de toute autre menace, l'homme devrait se méfier de lui-même et de ses erreurs. Rester dans l'ignorance de sa nature divine en étant dominé par ses mauvaises habitudes, c'est devenir l'ennemi de soi. Le meilleur moyen d'être victorieux dans cette aventure qu'est la vie, est d'être son propre ami. Krishna ne disait-il pas : « Le Soi est l'ami du soi (transformé), mais l'ennemi du soi non régénéré[1]. »

Les ennemis subtils

Prenons un exemple facile et imaginons que nous partions à la découverte de contrées sauvages et inconnues. Si nous devons voyager par bateau, nous veillerons à nous équiper d'un canot de sauvetage, car il sera le garant de notre vie en cas de naufrage. Cependant, dans de nombreuses situations de la vie, il semble que notre canot prenne l'eau et ce, malgré toutes les précautions dont nous nous soyons entourés.

Dans une jungle infestée d'animaux sauvages, vous savez quelles sont les mesures logiques qui s'imposent pour

---

[1] Bhagavad Gita VI : 6.

votre protection, mais contre des dangers subtils, il est bien plus difficile de se prémunir. Comment se protéger contre une attaque de microbes ? Des millions de germes de maladie flottent en permanence autour de nous... La nature forme une muraille de cellules autour d'eux pour les contenir, mais ce mur n'est efficace que tant que notre organisme conserve sa résistance. La lutte pour la survie se déroule en permanence dans une jungle invisible à l'intérieur de nous-mêmes !...

Pour pouvoir traverser en toute sécurité la jungle de cette vie, il faut s'équiper des armes adéquates... L'homme sage qui se sera armé pour la guerre sous toutes ses formes – contre les maladies, contre le destin et le karma, contre toutes les mauvaises pensées et habitudes – sortira victorieux de cette aventure. Cela exige d'être vigilant et, de surcroît, d'adopter certaines méthodes précises pour vaincre l'ennemi...

Dieu nous a donné un instrument de protection redoutable, plus puissant que les mitrailleuses, l'électricité, les gaz toxiques ou n'importe quel remède, à savoir l'esprit. C'est l'esprit qu'il faut aguerrir... L'aventure de la vie consiste en grande partie à devenir maître de son esprit et, une fois qu'il est dominé, à le maintenir en harmonie constante avec le Seigneur. C'est là le secret d'une existence heureuse, couronnée de succès… Vous y parviendrez en exerçant le pouvoir de votre esprit et en l'accordant avec Dieu par la méditation… Le meilleur moyen pour surmonter la maladie, les déceptions et les malheurs est d'être en harmonie constante avec Dieu.

L'aide suprême vient lorsque vous vous harmonisez avec l'Esprit

Nous traversons la forêt de la vie comme des bambins, obligés d'apprendre par l'expérience en nous cognant sur nos problèmes, trébuchant et tombant dans les pièges de la maladie et des mauvaises habitudes. Continuellement, nous devons faire entendre nos voix pour demander de l'aide. Mais l'Aide suprême vient lorsqu'on s'harmonise avec l'Esprit.

Chaque fois que vous êtes en difficulté, priez: «Seigneur, Tu es en moi et tout autour de moi. Je vis dans la forteresse de Ta présence. Je me suis déjà battu dans la vie, assailli par toutes sortes d'ennemis mortels. Mais je vois maintenant qu'ils n'étaient pas vraiment des agents de destruction. Tu m'as placé sur terre pour mettre mes capacités à l'épreuve. Je ne subis ces épreuves que pour montrer ce dont je suis capable. Je suis prêt à combattre les démons qui m'entourent et je les vaincrai par la toute-puissance de Ta présence. Et quand j'aurai traversé l'aventure de cette vie, je pourrai dire : "Seigneur, cela n'a pas été facile d'être courageux et de combattre ; mais plus ma terreur était grande, plus Tu m'as donné de force intérieure pour remporter la victoire et me rendre compte que j'étais fait à Ton image. Tu es le Roi de cet univers et je suis Ton enfant, un prince de l'univers. Qu'ai-je donc à craindre ?" »

Dès que vous réalisez que vous êtes né sous la forme d'un être humain, vous avez tout à craindre. La situation paraît sans issue. Quelles que soient les précautions que vous preniez, il y a toujours une faille quelque part. Votre seul refuge est en Dieu. Que vous soyez au fin fond de la jungle d'Afrique, en pleine guerre ou livré aux tourments de la maladie et de la pauvreté, adressez-vous au Seigneur avec foi : « Je suis dans la voiture blindée de Ta présence, avançant sur le champ de bataille de la vie. Je suis protégé. »

Il n'existe aucun autre moyen de se mettre en sécurité, sinon de faire preuve de bon sens et de s'en remettre entièrement à Dieu. Ce que je vous suggère là n'a rien d'excentrique ; je vous exhorte à affirmer et à croire en cette vérité, quoi qu'il arrive : « Seigneur, Toi seul peut m'aider. » Tant de gens sont tombés dans l'ornière de la maladie et des mauvaises habitudes et ne s'en sont pas sortis. Ne dites jamais qu'il vous serait impossible de vous en sortir. Votre infortune ne dure qu'un temps. L'échec d'une seule vie n'est pas l'étalon auquel se mesure votre succès ou votre échec. L'attitude du vainqueur est intrépide : « Je suis un enfant de Dieu. Je n'ai rien à craindre. » Alors ne craignez rien. La vie et la mort ne sont que différents processus de votre conscience.

Mettez à jour l'immortalité de votre âme enfouie en vous

Tout ce que l'Éternel a créé l'a été pour nous tester, pour faire apparaître l'immortalité de l'âme enfouie en nous. C'est là l'aventure de la vie, le seul but de la vie. Et pour chacun, l'aventure de la vie est différente, unique. Il faut que vous soyez préparés à affronter tous les problèmes de la santé, de l'esprit et de l'âme par des méthodes inspirées à la fois par le bon sens et par la foi en Dieu, en sachant que dans la vie et dans la mort, votre âme reste invaincue. Vous ne pouvez jamais mourir. « Aucune arme ne peut transpercer l'âme ; aucun feu ne peut la brûler ; aucune eau ne peut la mouiller ; ni aucun vent la dessécher… L'âme est immuable, emplissant tout, à jamais calme et inébranlable[1]. » Vous êtes de toute éternité à l'image de l'Esprit.

N'est-ce pas libérateur pour l'esprit de savoir que la mort ne peut nous tuer ? Quand la maladie survient et que le corps cesse de fonctionner, l'âme pense : « Je suis morte ! » Mais le Seigneur la secoue en disant : « Qu'as-tu donc ? Tu n'es pas morte. N'es-tu pas en train de penser ? » Un soldat marche et une bombe réduit son corps en morceaux. Son âme crie : « Oh Seigneur, je suis tué ! » Et Dieu lui répond : « Bien sûr que non ! N'es-tu pas en train de me parler ? » Rien ne peut te détruire, Mon enfant. Tu es en train de rêver. » Alors l'âme, prenant conscience, se dit : « Ce n'est pas si terrible. Ce n'était que ma conscience temporaire, celle d'être un corps physique durant une vie terrestre, qui m'avait fait croire que perdre ce corps était la fin de tout. J'avais oublié que j'étais une âme éternelle. »

Le but de l'aventure de notre vie

Les vrais yogis restent maîtres de leur esprit en toutes circonstances. Quand vous aurez atteint cette perfection, vous serez libres. Alors vous comprendrez que la vie est

---
[1] Bhagavad Gita II : 23-24.

une aventure divine. Jésus et d'autres grandes âmes l'ont prouvé…

Vous n'aurez terminé cette aventure de la vie qu'après en avoir vaincu les dangers par la force de votre volonté et celle de votre esprit, comme l'ont fait les grands maîtres. Alors, vous retournant sur votre passé, vous direz: «Seigneur, c'était plutôt une mésaventure. J'ai bien failli échouer, mais maintenant je suis pour toujours à l'abri de Ta présence.»

Nous pourrons voir la vie comme une merveilleuse aventure quand le Seigneur dira finalement: «Toutes ces expériences terrifiantes sont maintenant terminées. Je suis avec Toi à tout jamais. Rien ne peut te faire de mal.»

Dans la vie, l'homme peut batifoler comme un enfant, mais c'est quand il combat les maladies et les problèmes que son esprit se renforce. Tout ce qui affaiblit votre esprit est votre pire ennemi et tout ce qui le renforce est votre refuge. Riez de tous les problèmes qui pourront surgir… Sachez que vous êtes éternellement dans le Seigneur.

PENSÉES POUR L'ÂME SANS PEUR

Lorsque vous traversez des périodes difficiles dans la vie, vous vous révoltez généralement en ces termes : « Pourquoi cela doit-il m'arriver ? » Considérez plutôt chaque difficulté comme une pioche avec laquelle vous pouvez creuser le champ de votre conscience pour faire jaillir la source des forces spirituelles qui sont en vous. Chaque épreuve doit révéler les pouvoirs cachés en vous, qui êtes un enfant de Dieu, fait à Son image.

Nos épreuves ne sont pas destinées à nous détruire. Seuls ceux qui manquent de courage et qui ne reconnaissent pas l'image parfaite de Dieu en eux se rebellent et subissent les épreuves comme si elles étaient des forces destructrices invincibles.

Vous êtes un enfant de Dieu. Qu'avez-vous donc à craindre ?

Ne laissez en aucune circonstance la peur prendre le contrôle de votre esprit et de votre volonté. Dès qu'une peur apparaît, regardez-la bien en face : essayez d'éradiquer la cause extérieure et prenez des mesures pour permettre à votre esprit de surmonter cette appréhension.

Cultivez constamment le pouvoir immortel de l'âme en méditant et en maintenant le contact avec Dieu, puis utilisez ce pouvoir face à toutes les difficultés.

Il existe toujours une façon de résoudre vos problèmes ; et si vous prenez le temps de penser avec clarté, de réfléchir à la façon de vous débarrasser de la cause de votre anxiété au lieu de juste vous faire du souci, vous deviendrez un maître.

Pourquoi ne pas tourner vous-même la roue de la vie au lieu de vous laisser entraîner par elle ?

Affirmez toujours : « Rien ne peut me faire du mal. Rien ne peut me troubler. » Prenez conscience que vous êtes aussi bon que le meilleur des hommes, aussi puissant que le plus fort. Vous devez avoir foi en vous.

Celui qui croit en la divinité de son âme, de sa véritable nature et qui ressent de l'amour pour Dieu comme aussi de la foi en Son omniprésence, trouvera rapidement le chemin qui le libérera de ses souffrances… La lumière de la foi conduit sa conscience du royaume des ténèbres où règnent les limitations mortelles vers le royaume de l'immortalité.

La foi signifie la connaissance et la conviction que nous sommes faits à l'image de Dieu. Lorsque nous sommes en harmonie avec Sa conscience, qui réside en nous, nous pouvons créer des mondes. Souvenez-vous que le pouvoir tout-puissant de Dieu se trouve dans votre volonté.

ANTIDOTES PRATIQUES CONTRE LA PEUR ET L'ANXIÉTÉ

Beaucoup de gens viennent à moi pour parler de leurs soucis. Je leur recommande avant toute chose de s'asseoir calmement, de méditer et de prier. Puis, après avoir reconquis leur calme intérieur, de réfléchir par quels moyens alternatifs leur problème pourrait être résolu, voire éliminé. Lorsque leur esprit est calme en Dieu, lorsque leur foi en Dieu est forte, ils trouvent une solution à leurs maux. Simplement ignorer les problèmes ne va pas les résoudre, mais se ronger les sangs non plus.

Méditez jusqu'à ce que vous retrouviez votre calme ; ensuite dirigez vos pensées sur votre problème et priez avec ferveur pour recevoir l'aide de Dieu. Concentrez-vous sur le problème et vous trouverez une solution sans passer par la terrible tension de l'inquiétude…

Rappelez-vous qu'il vaut mieux s'asseoir et méditer sur Dieu jusqu'à ce que l'on ressente un calme intérieur que de se livrer à mille raisonnements. Puis, dites au Seigneur :

« Je ne peux résoudre mon problème tout seul, même en échafaudant une foule de pensées. Mais je peux le résoudre si je le remets entre Tes mains en demandant d'abord que Tu veuilles me guider. Ensuite, j'étudierai la question sous tous ses angles pour trouver une solution ou une autre. »

Dieu aide ceux qui s'aident eux-mêmes. Lorsque votre esprit s'est calmé et rempli de foi parce que vous avez prié Dieu dans la méditation, vous êtes en mesure de voir les différentes réponses à votre problème ; et comme le calme règne dans votre esprit, vous êtes capable de choisir la meilleure de ces solutions. Il ne vous reste plus qu'à la mettre en pratique et vous réussirez. C'est ainsi que l'on applique la science de la religion dans sa vie quotidienne.

———•———

La peur développe un magnétisme malfaisant par lequel elle attire à elle les objets mêmes de nos craintes, comme un aimant attire un morceau de fer, aggravant ainsi notre détresse. La peur intensifie, multiplie par cent nos souffrances physiques et nos angoisses mentales. Elle ravage le cœur, le système nerveux et le cerveau. Elle paralyse l'initiative mentale, le courage, le jugement, le sens commun, la volonté et la conscience réflexe du danger. La peur contamine, resserre l'imagination et le sentiment et, à travers eux, influence le subconscient au point que celui-ci peut complètement annihiler les efforts de volonté de la conscience. La peur jette un voile sur l'intuition, masquant le formidable pouvoir de votre confiance naturelle qui jaillit intuitivement de celle qui peut tout conquérir: l'âme.

Lorsque la menace de recevoir une blessure pèse sur vous, ne laissez pas la peur gagner votre mental et freiner le mécanisme intérieur de votre conscience, celui capable de tout générer. Utilisez plutôt votre peur comme un stimulant pour manœuvrer cette machine intérieure dans votre conscience afin qu'elle génère un dispositif mental capable de supprimer instantanément la cause de votre peur. Ces stratagèmes mentaux permettant d'échapper à la peur sont si nombreux qu'ils doivent être spécialement fabriqués dans les rouages de la conscience omnipotente selon les besoins spécifiques et exceptionnels de chaque individu. Donc, lorsqu'un danger ou une expérience douloureuse vous menacent, ne restez pas assis et passif. Agissez avec calme, agissez rapidement, mais *faites quelque chose,* rassemblez toute votre volonté et tout votre jugement. La volonté est la vapeur ou la force motrice qui fait fonctionner la machine de l'action.

Déracinez la peur intérieure par la concentration et le courage

On cultive la peur de l'échec ou de la maladie à force de tourner et de retourner dans sa conscience des pensées correspondantes jusqu'à ce qu'elles s'enracinent dans le subconscient et, finalement, dans la superconscience. Une fois enracinée au niveau superconscient et subconscient, la peur commence à germer et à remplir la conscience de ses plantes terrifiantes, bien plus difficiles à détruire que ne l'aurait été la pensée première. Et finalement, ces plantes produisent leurs fruits vénéneux et fatals.

Si vous êtes incapable de déloger une peur obsédante de la maladie ou de l'échec par le pouvoir de votre volonté consciente, détournez votre attention en lisant des livres intéressants qui vous absorberont ; vous pouvez même vous livrer à quelques distractions inoffensives. Votre esprit oubliera alors d'être hanté par la peur. Puis fournissez à votre esprit les pelles de divers stratagèmes mentaux pour creuser le sol de votre vie quotidienne et déraciner les causes de l'échec et de la maladie.

Déracinez-les de l'intérieur en vous concentrant énergiquement sur le courage et en déplaçant votre conscience vers un profond sentiment de paix absolue en Dieu.

Vivre sans peur

Quand vous aurez réussi à déraciner psychologiquement toute la négativité dégagée par la peur, occupez-vous en déviant votre attention sur des méthodes positives d'acquérir la prospérité et la santé.

ÉLIMINEZ LES PARASITES DE LA PEUR DE VOTRE RADIO MENTALE

Souvent, quand vous essayez de capter une station de radio, des parasites se font entendre et perturbent le programme que vous essayez d'écouter. De même, quand vous tentez d'accomplir une transformation personnelle dans votre cœur, des «parasites» peuvent interrompre vos progrès. Ces parasites représentent vos mauvaises habitudes.

La peur est une autre forme de parasite qui affecte votre radio mentale. Comme les bonnes et les mauvaises habitudes, la peur peut être à la fois constructive et destructive. Par exemple, quand une épouse dit: «Je ne sortirai pas ce soir, car mon mari ne serait pas content», sa peur est mue par l'affection, qui est constructive. La peur

---

Les passages traduits sont extraits de «Éliminez les parasites de la peur de votre radio mentale», un discours tenu au temple de la Self-Realization Fellowship d'Encinitas en Californie. Ce discours est publié en intégralité dans *La quête éternelle de l'homme* (*Recueil de discours et d'essais, Volume I*, de Paramahansa Yogananda).

inspirée de l'amour et la peur servile sont deux choses différentes. Je parle en ce moment de la peur inspirée de l'amour, celle qui fait que l'on est prudent par crainte de blesser inutilement une autre personne. La peur servile paralyse la volonté. Les membres d'une famille ne devraient entretenir que la peur inspirée par la bienveillance et ne jamais craindre de se dire la vérité les uns les autres. Accomplir des actions utiles ou sacrifier vos propres désirs par amour pour quelqu'un est beaucoup mieux que d'agir guidé par la peur. Quand vous vous retenez de briser des lois divines, cela devrait être par amour pour Dieu et non pas par peur de la punition.

La peur ne peut se glisser dans un cœur tranquille

La peur vient du cœur. S'il vous arrive de vous sentir accablés par la hantise de tomber malade ou d'avoir un accident, inspirez et expirez plusieurs fois lentement et profondément, de manière rythmée, en vous détendant à chaque expiration. Cet exercice favorise la normalisation de la circulation. Si votre cœur est vraiment calme, vous ne pouvez éprouver la moindre peur.

C'est la conscience de la douleur qui éveille les sentiments d'anxiété dans votre cœur; par conséquent, la peur dépend de quelque expérience antérieure – peut-être êtes-vous tombé un jour en vous cassant la jambe et redoutez-vous de ce fait qu'une telle expérience se répète. Quand vous ressassez une telle appréhension, votre volonté et vos nerfs se paralysent et vous pourriez très bien retomber et vous recasser une jambe. De plus, quand votre cœur est paralysé par la peur, votre vitalité est faible et les germes des maladies ont ainsi la possibilité d'envahir votre corps.

Soyez prudents, mais non craintifs

Il n'existe pratiquement personne qui ne craigne pas la maladie. La peur a été donnée à l'homme comme dispositif de prudence afin de lui épargner la douleur ; cela ne signifie pas qu'il doive la cultiver et en abuser. L'excès de complaisance envers la peur ne fait que paralyser les efforts que nous déployons pour écarter nos difficultés.

La prudence devient sagesse quand, par exemple, grâce à vos connaissances sur une alimentation adéquate, vous raisonnez ainsi : «Je ne mangerai pas cette pâtisserie, car je sais que ce n'est pas bon pour ma santé.» Mais l'appréhension irrationnelle est une cause d'affection ; c'est le véritable germe de toutes les maladies. La crainte de la maladie favorise la maladie. En y pensant, vous l'attirez. Si vous redoutez constamment d'attraper un rhume, vous serez davantage susceptibles d'en attraper un, quoi que vous fassiez pour l'éviter.

Ne paralysez pas votre volonté et vos nerfs avec la peur. Quand l'anxiété persiste en dépit de votre volonté, vous favorisez la création de l'expérience même que vous redoutez.

Il n'est pas très avisé non plus de fréquenter plus que nécessaire ou raisonnable des gens qui parlent constamment de leurs maladies et de leurs infirmités, et de celles des autres. Ressasser ces sujets peut planter les graines de l'appréhension dans votre esprit. Ceux qui sont inquiets à la pensée de mourir de tuberculose, de cancer ou de maladies cardiaques devraient rejeter ces craintes afin de ne pas attirer ces troubles néfastes.

Ceux qui sont déjà malades ou infirmes ont besoin d'un environnement aussi plaisant que possible, parmi des personnes fortes et constructives qui les encourageront à avoir des pensées et des sentiments positifs. Le pouvoir de la pensée est très grand. Les personnes qui travaillent dans les hôpitaux tombent rarement malades, grâce à leur attitude de confiance. Elles sont vivifiées par leur énergie et par de solides pensées.

C'est pourquoi il est préférable à partir d'un certain âge de ne pas révéler son âge aux autres. Dès que vous le faites, ils vous regardent avec ce nombre en tête et l'associent à une santé et une vitalité déclinantes. La pensée du vieillissement génère de l'anxiété, ce qui vous affaiblit. Donc, gardez votre âge pour vous. Dites à Dieu : « Je suis immortel. Je suis béni d'avoir le privilège de jouir d'une bonne santé et je T'en remercie. »

Soyez donc prudents, mais non craintifs. Prenez la précaution d'entreprendre un régime purifiant de temps à autre, afin que toutes les conditions latentes de maladie qui pourraient se trouver dans votre corps soient éliminées. Faites de votre mieux pour supprimer les causes de la maladie et n'ayez absolument aucune crainte. Il y a tellement de microbes partout que si vous commenciez à les craindre, vous ne pourriez plus du tout apprécier la vie. Même avec les meilleures mesures d'hygiène, si vous pouviez voir votre maison à travers un microscope, vous n'auriez plus guère envie de manger !

Techniques pour débrancher la peur

Quelle que soit la peur qui vous étreint, écartez-la de votre esprit et remettez-la entre les mains de Dieu. Ayez foi en Lui. Une bonne partie de nos souffrances est due tout

Vivre sans peur

simplement à l'inquiétude. Pourquoi souffrir maintenant alors que la maladie ne s'est pas encore manifestée ? Étant donné que la plupart des maux dont nous souffrons sont provoqués par la peur, si vous chassez la peur, vous en serez immédiatement affranchis. La guérison sera instantanée.

Chaque soir avant de vous endormir, affirmez : « Le Père céleste est avec moi ; je suis protégé. » Entourez-vous mentalement de l'Esprit et de Son énergie cosmique en pensant : « Tout microbe qui m'attaquera sera électrocuté. » Chantez *Aum*[1] ou le mot « Dieu » trois fois. Cela vous servira de bouclier. Vous sentirez Sa merveilleuse protection. Soyez sans peur. C'est le seul moyen d'être en bonne santé. Si vous communiez avec Dieu, Sa vérité se répandra en vous. Vous saurez que vous êtes l'âme impérissable.

Chaque fois que vous éprouvez un sentiment de peur, placez vos mains sur votre cœur, à même la peau, et

---

[1] Dans les Écritures sacrées de l'Inde, *Aum (Om)* est la base de tous les sons ; c'est le mot-symbole universel pour Dieu. L'*Aum* des Védas devint *Hum*, le mot sacré des Tibétains, l'*Amin* des musulmans et l'*Amen* des Égyptiens, Grecs, Romains, Juifs et de la Chrétienté. En hébreu, *Amen* signifie : sûr, fidèle. *Aum* est le son qui émane du Saint-Esprit (la Vibration cosmique invisible ; Dieu sous Son aspect de Créateur) et qui pénètre toute la création. C'est la « Parole » de la Bible ; la voix de la création qui atteste de la Présence divine dans chaque atome. Dans les *Leçons de la Self-Realization Fellowship*, Paramahansa Yogananda enseigne les techniques de méditation dont la pratique apporte une expérience directe de Dieu en tant que *Aum* ou Saint-Esprit. Cette communion bienheureuse avec le Pouvoir divin invisible (« le Consolateur, l'Esprit Saint » cf Jean 14, 26) est le fondement véritablement scientifique de la prière.

frictionnez-le de gauche à droite en disant : « Père, je suis libre. Déconnecte cette peur de la radio de mon cœur. » Et de même que vous éliminez les parasites d'une radio ordinaire, si vous frottez continuellement votre cœur de gauche à droite en restant concentré sur la pensée de vouloir débrancher la peur de votre cœur, elle s'en ira ; et vous percevrez la joie venant de Dieu.

La peur cesse au contact de Dieu

La peur vous hante constamment. La peur disparaît au contact de Dieu, rien d'autre n'y fait. Pourquoi attendre ? Vous pouvez communier avec Lui grâce au yoga…

Au début, lorsque je me suis engagé dans cette voie, ma vie était chaotique ; mais comme je persévérais dans mes efforts, les choses ont commencé à s'éclaircir pour moi d'une façon merveilleuse. Chaque événement me montrait que Dieu *existe* et qu'Il pouvait être connu dans cette vie. Quand vous trouverez Dieu, quelle assurance et quelle absence de peur vous ressentirez ! Rien d'autre n'aura alors d'importance, rien ne pourra jamais plus vous effrayer. Ainsi Krishna exhorta-t-il Arjuna à affronter sans peur la bataille de la vie et à remporter la victoire spirituelle : « Ne cède pas à une attitude peu virile ; cela ne te sied pas. Ô

Guerrier qui consume l'ennemi, rejette de ton cœur cette faiblesse passagère ! Relève- toi[1] ! »

---

[1] Bhagavad Gita II : 3.

UN ESPRIT FORT DANS UN CORPS SAIN

D'après une fable traditionnelle

Alors qu'il méditait pendant la nuit, un saint vit le terrible spectre de la variole entrer dans son village. « Halte-là, monsieur le fantôme ! s'écria-t-il. Allez-vous-en ! Vous ne devez pas importuner une localité dans laquelle je révère Dieu. »

« Je n'emporterai que trois personnes, répondit le spectre, selon ma tâche karmique et cosmique. » À ces mots, le saint acquiesça à contrecœur.

Le lendemain, trois personnes moururent de la variole. Mais le jour suivant, plusieurs autres moururent et chaque jour qui suivit, davantage de villageois furent emportés par l'épouvantable maladie. Pensant qu'il avait subi une grave tromperie, le saint entra dans une méditation profonde et appela le spectre. Lorsqu'il parut, le saint lui fit d'amers reproches :

«Monsieur le fantôme, vous m'avez trompé et n'avez pas été sincère lorsque vous m'avez dit que vous n'emporteriez que trois personnes avec votre variole.»

Mais le spectre répliqua: «Au nom du Grand Esprit, je vous ai dit la vérité.»

Le saint revint à la charge: «Vous aviez promis de ne prendre que trois personnes. Or, des dizaines ont succombé à la maladie.»

«Je n'en ai pris que trois, répéta le spectre. Les autres sont morts de leur propre peur.»

Réveillez à la vie votre esprit en le libérant de la conscience de la maladie – de la pensée de la maladie. Vous êtes l'Esprit invulnérable; mais votre corps dirige actuellement votre esprit. C'est l'esprit qui doit diriger le corps…

De quoi avez-vous peur ? Vous êtes un être immortel. Contrairement à ce que vous pensez, vous n'êtes ni un homme ni une femme, mais une âme, joyeuse et éternelle.

PUISSÉ-JE SURMONTER LA PEUR
(Prière)

Enseigne-moi à surmonter la peur en comprenant son inutilité. En tant que Ton enfant, puissé-je ne pas engourdir par de mauvais pressentiments ma capacité illimitée à réussir toutes les épreuves que la vie m'apporte.

Libère-moi de mes hantises paralysantes. Aide-moi à ne pas imaginer des accidents et des catastrophes, de crainte que le pouvoir de ma pensée ne les invite à se matérialiser.

Inspire-moi afin que je place ma confiance en Toi et pas seulement dans les précautions humaines. Je peux aisément passer entre les balles qui sifflent ou à travers les bactéries qui pullulent, redoutables, si je réalise que Tu es toujours à mes côtés.

Puissé-je ne jamais trembler à la pensée de la mort. Aide-moi à me souvenir que le Messager fatidique ne viendra réclamer ce corps qu'une seule fois ; et que, par sa miséricorde, je ne connaîtrai ni mon heure, ni ne m'en inquiéterai.

Apprends-moi, ô Esprit infini ! à voir que Ta présence protectrice m'encercle, que je sois éveillé ou endormi, vigilant ou rêvassant, vivant ou mourant.

Tiré de Whispers from Eternity

DÉGAGER SA CONSCIENCE DE TOUTE INQUIÉTUDE

L'inquiétude est un état psychologique de la conscience qui fait que vous êtes pris au piège par des sentiments d'impuissance et d'appréhension à propos de problèmes qui vous paraissent insurmontables. Vous vous inquiétez peut-être au sujet de votre enfant, de votre santé ou du remboursement de votre emprunt. Comme vous n'avez pu trouver de solution dans l'immédiat, la situation commence à vous alarmer. Mais que pouvez-vous en tirer si ce n'est de la migraine, de la nervosité ou des palpitations cardiaques ? En l'absence d'une analyse claire du problème et de vous-même, vous ne savez pas comment maîtriser vos sentiments ni la situation à laquelle vous devez faire face. Au lieu de perdre du temps à vous inquiéter, examinez de façon positive les solutions susceptibles d'éliminer la cause du problème. Si vous souhaitez supprimer un problème, analysez calmement la

---

Les passages traduits sont extraits d'un discours tenu au temple de la Self-Realization Fellowship d'Encinitas en Californie. Ce discours est publié en intégralité dans *The Divine Romance* (*Collected Talks and Essays, Volume II*, de Paramahansa Yogananda).

situation en notant point par point le pour et le contre, puis déterminez quelles sont les meilleures mesures à prendre pour atteindre votre but.

Faites face à vos difficultés financières sans peur aucune, mais avec créativité

Si vous n'avez pas d'argent, vous vous sentez abandonné ; le monde entier vous semble régresser. Mais s'inquiéter ne fera pas surgir la solution. Activez-vous en vous disant avec détermination : « Je remuerai ciel et terre pour obtenir mon dû. Si l'on veut que je me tienne tranquille, la vie devra me donner ce dont j'ai besoin. » Tout individu ayant travaillé, et n'aurait-il fait que balayer, a accompli quelque chose de valable sur cette terre. Pourquoi chacun ne devrait-il pas recevoir sa juste part des bienfaits terrestres ? Personne n'a besoin de mourir de faim ni d'être laissé pour compte.

La notion d'argent telle que nous la connaissons actuellement disparaîtra ; souvenez-vous de ce que je vous dis là. L'argent crée un désir de pouvoir et, bien trop souvent, celui qui en possède n'a plus de cœur pour les souffrances des autres. Il n'y a pas de mal à accumuler des richesses si la personne ainsi fortunée est également animée du désir d'aider ceux qui sont dans le besoin.

L'argent est une bénédiction dans les mains de personnes désintéressées, mais il peut devenir une malédiction chez des êtres égoïstes. Je connaissais un homme de Philadelphie qui valait dix millions de dollars, mais qui ne lui valurent jamais le bonheur ; il n'en retira que du malheur. Il n'aurait même pas déboursé dix cents pour payer un café à quelqu'un. L'or nous a été donné afin d'en faire usage, mais il n'appartient à personne, sauf à l'Esprit divin. Chaque enfant de Dieu possède le droit d'utiliser l'or de Dieu. Vous n'avez pas à accepter l'échec ni à renoncer à votre droit.

Dieu a fait de vous Son enfant. Vous avez fait de vous un mendiant. Si vous vous êtes persuadé de n'être qu'un simple mortel sans ressources et que vous laissez les autres vous convaincre que vous ne pouvez trouver un emploi, c'est vous-même qui avez décrété dans votre tête que vous n'aviez aucune chance de vous en sortir. Ce n'est pas le jugement de Dieu ni le destin, mais votre propre sentence qui vous maintient dans la pauvreté et les soucis. C'est dans votre esprit que se détermine le succès ou l'échec.

Aussi puissante que soit l'opinion négative du reste de la société, si vous invoquez la volonté de conquérant qui vous a été donnée par Dieu pour vous convaincre que

Dégager sa conscience de toute inquiétude

vous ne pouvez être abandonné dans la souffrance et les difficultés, vous serez envahi d'un pouvoir secret et divin ; vous constaterez alors que le magnétisme de cette conviction et de ce pouvoir vous ouvrira de nouvelles voies. Ne vous désolez pas de votre état présent et ne soyez pas dans l'inquiétude. Si vous refusez de vous faire du souci et si vous faites un effort approprié, vous resterez calmes et vous trouverez sûrement un moyen d'atteindre votre but.

Souvenez-vous que chaque fois que vous vous faites du souci, vous tirez le frein de votre mental ; et en vous battant contre cette résistance, vous stressez votre cœur et votre esprit. Vous n'essayeriez pas de conduire votre voiture avec les freins enclenchés, parce que vous savez que cela endommagerait sérieusement sa mécanique. L'inquiétude est le frein sur les roues de vos efforts ; elle va provoquer un arrêt brutal. Rien n'est impossible à moins que vous ne le pensiez. L'inquiétude peut vous convaincre que ce que vous voulez faire est impossible.

Se tracasser revient à gaspiller du temps et de l'énergie. À la place, utilisez votre esprit pour essayer de faire des efforts dans le bon sens. Il est même préférable d'être un homme ambitieux et matérialiste pour mener à bien quelque chose que d'être un paresseux ; le paresseux sera abandonné et des hommes et de Dieu. Bien des fortunes ont été amassées par des gens entreprenants, mais ne faites pas de l'argent votre critère de succès. Souvent, ce n'est pas l'argent mais la capacité créatrice mise en œuvre pour le gagner qui apporte la satisfaction.

Une conscience claire : la clé pour vivre sans peur

C'est bien en vain que vous tenteriez d'échapper à vos soucis, car où que vous alliez, vos soucis vous suivront. Vous devez apprendre à affronter vos problèmes sans avoir froid aux yeux et avec une conscience claire, comme je l'ai fait. Maintenant, je ne fais plus de prières pour mon âme ou pour mon corps, car j'ai obtenu l'assurance éternelle de Dieu. C'est suffisant. Pour moi, prier reviendrait à douter. Ma conscience est libre, car je n'ai fait de mal à qui que ce soit. Je sais que c'est la vérité. Pouvoir se dire « Je n'ai nui à quiconque », c'est être l'homme le plus heureux sur terre...

Soyez un ami pour tous. Même si votre amour et votre confiance sont trahis par certains, ne vous en faites pas. Soyez toujours vous-mêmes ; vous êtes ce que vous êtes. C'est la seule façon de vivre dans la sincérité. Même si certains ne voudront pas être vos amis, vous devriez être amical avec tous, sans jamais rien attendre en retour. Je comprends et j'aime tout le monde, mais je n'attends jamais de personne qu'il soit mon ami et me comprenne. Par la force de ce principe, je suis en paix avec moi-même comme avec le monde et je ne ressens jamais rien qui puisse me causer de l'inquiétude.

L'amitié est le trésor le plus précieux que vous puissiez posséder, car elle vous accompagne au-delà de la vie présente. Vos vrais amis, vous les retrouverez tous dans la demeure du Père, car le véritable amour n'est jamais perdu. D'un autre côté, la haine n'est jamais perdue non plus. Vous attirerez sans cesse à vous tout ce que vous haïssez, jusqu'à ce que vous surmontiez cette forte aversion...

Vous ne devez haïr personne, même pas vos ennemis. Aucun être n'est foncièrement mauvais. Si vous écoutez quelqu'un jouer sur un piano dont une touche est mal accordée, vous aurez tendance à juger le piano entier comme étant mauvais. Mais la faute ne doit être imputée qu'à une seule touche. Accordez-la et vous verrez que le piano est très bien. Dieu vit dans tous Ses enfants. Haïr l'un d'entre eux revient à Le renier en vous-même et chez les autres. Cette terre est le laboratoire de Dieu. Nous nous brûlons dans le feu de l'expérience humaine de façon à ce que notre immortalité divine qui est ensevelie sous les scories de notre conscience puisse se révéler à nouveau. Aimez tout le monde, gardez vos pensées pour vous-même et ne vous tracassez pas.

Laissez vos soucis entre les mains de Dieu. Lorsque vous vous tracassez, vous organisez vos propres funérailles. Vous ne voulez tout de même pas être enterré vivant sous vos anxiétés ! Pourquoi souffrir et mourir d'inquiétude tous les jours ? Quelles que soient les épreuves que vous devez traverser, que ce soit la pauvreté, le chagrin ou la maladie, souvenez-vous qu'il se trouve toujours sur terre quelqu'un qui souffre cent fois plus que vous. Ne pensez jamais que vous êtes malheureux, car vous vous mettez ainsi vous-même en échec en vous fermant à la lumière toute-puissante de Dieu qui est toujours à votre recherche afin de vous aider…

Titiksha : l'art de l'endurance mentale

Aucune sensation physique ni torture mentale ne peuvent vous affecter si votre esprit s'en dissocie en restant ancré dans la paix et la joie de Dieu.

En sanskrit, l'égalité d'humeur constante ou endurance mentale est appelée *titiksha*. J'ai pratiqué cette neutralité mentale. Il m'est arrivé de rester assis à méditer toute une nuit dans de l'eau glacée et par un froid perçant.

Dégager sa conscience de toute inquiétude

De manière analogue, je suis resté assis dans les sables brûlants de l'Inde de l'aube jusqu'au soir. J'ai obtenu une grande force mentale grâce à ces exercices. Lorsque vous avez pratiqué une telle autodiscipline, votre esprit devient imperméable à toutes les circonstances extérieures dérangeantes. Si vous pensez que vous ne pouvez pas faire quelque chose, votre esprit est esclave. Libérez-vous!

Je ne veux pas dire que vous deviez être téméraire. Essayez petit à petit de vous élever au-dessus des perturbations extérieures. Vous devez absolument acquérir de l'endurance. Quels que soient vos problèmes, faites un effort suprême pour y remédier, sans vous inquiéter; et en attendant que vos problèmes se résolvent, pratiquez *titiksha*. N'est-ce pas de la sagesse pratique? Si vous êtes jeune et fort, vous pouvez pratiquer des méthodes d'autodiscipline encore plus rigoureuses que ne l'étaient les miennes, tout en renforçant progressivement votre volonté et votre esprit.

Si vous pensez que vous allez forcément attraper un rhume parce que l'hiver approche, vous ne développerez pas votre force mentale. Vous êtes déjà sur la pente de la faiblesse. Si vous sentez que vous êtes sur le point d'attraper un rhume, résistez mentalement en disant: «Va-t'en! Je prends les précautions de bon sens, mais je ne laisserai pas l'inquiétude affaiblir mon esprit pour inviter la maladie.» Voilà l'attitude mentale à adopter. Faites de votre mieux à chaque instant, de tout cœur et de toute votre sincérité, mais sans anxiété. Les soucis ne font que paralyser vos efforts. Si vous faites de votre mieux, Dieu vous tendra la main pour vous aider…

Souvenez-vous que votre esprit ne peut pas souffrir d'une douleur, sauf s'il en accepte la suggestion. Votre esprit ne peut souffrir ni de pauvreté ni de rien d'autre, à moins qu'il n'accepte le désagrément de la chose en question. Jésus a été durement traité – sa vie n'était que problèmes, obstacles et incertitudes – cependant, il ne souffrait pas d'inquiétudes. Souvenez-vous que vous êtes, vous aussi, un enfant de Dieu. Vous pouvez être abandonné par tout le monde, mais vous ne pouvez être abandonné par Dieu, parce qu'Il vous aime. Vous ne devriez jamais vous inquiéter, parce que Dieu vous a fait à Son image invincible…

Réalisez que la présence infinie du Père céleste est à jamais en vous. Dites-Lui: «Dans la vie et dans la mort, dans la santé et la maladie, je n'ai aucune inquiétude, Ô Seigneur, car je suis à jamais Ton enfant.»

LE LION QUI DEVINT UN MOUTON

Adaptation d'une histoire indienne traditionnelle

Il était une fois une énorme lionne, enceinte et à moitié morte de faim. À mesure que les jours passaient et que le lionceau grandissait dans son ventre, elle avait de plus en plus de peine à se mouvoir pour aller chasser. Même lorsque la lionne réussissait à rabattre une proie, elle n'était pas assez rapide pour la saisir et échouait ainsi chaque fois à la capturer.

Rugissant de tristesse, lourde de porter son bébé et tenaillée par la faim, la lionne errait dans la forêt. Elle finit par s'endormir à l'ombre d'un bosquet bordant un pâturage. Dans un demi-sommeil, elle rêva qu'elle voyait un troupeau de moutons qui paissaient. Essayant de capturer un des moutons de son rêve, elle sursauta et se réveilla pour s'apercevoir qu'un grand troupeau de moutons paissait réellement près d'elle.

Submergée de joie, oubliant le bébé qu'elle portait en elle et poussée comme dans un délire par les affres de la faim, la lionne se jeta sur un agneau et disparut dans les profondeurs de la jungle avec sa proie. La lionne ne réalisa même pas que dans la fougue de son effort violent pour sauter sur l'agneau, elle avait mis bas son petit.

Les moutons furent paralysés de peur par cette attaque ; mais une fois que la lionne eut disparu et que la panique fut passée, ils se remirent de leur stupeur et s'aperçurent qu'un agneau manquait. Alors que le troupeau bêlait de chagrin dans son langage de moutons, ils découvrirent, à leur plus grande surprise, le lionceau désemparé qui vagissait au milieu d'eux. L'une des brebis eût pitié du bébé lion et l'adopta comme l'un des siens.

Plusieurs années passèrent ; le lion orphelin, devenu à présent un animal adulte doté d'une belle crinière et d'une longue queue, se déplaçait avec le troupeau en se comportant exactement comme un mouton. Bêlant au lieu de rugir et mangeant de l'herbe plutôt que de la viande, ce lion strictement végétarien s'était parfait dans l'inoffensivité au point de devenir doux comme un agneau.

Il advint qu'un jour un autre lion flânait dans la forêt qui avoisinait le vert pâturage. À son vif plaisir, il aperçut le troupeau de moutons. Ivre de joie et exacerbé par la faim, ce lion vigoureux se mit à pourchasser le troupeau en fuite quand, à sa grande surprise, il remarqua le lion-mouton de forte carrure qui, la queue dressée, fuyait à toute vitesse en tête du troupeau.

Le lion chasseur s'arrêta net pendant quelques instants en battant l'air de surprise avec sa queue et s'interrogea: «J'arrive à comprendre que les moutons s'enfuient à ma vue, mais je ne saisis pas pourquoi un vaillant lion devrait fuir lui aussi. Ce lion emballé m'intéresse.» Bien déterminé à rattraper le lion en fuite, il courut aussi vite qu'il put derrière le pauvre animal qui fuyait et se jeta sur lui. Le lion-mouton s'évanouit de peur. L'autre lion était plus stupéfait que jamais. Frappant le lion-mouton pour le sortir de sa torpeur, il le réprimanda d'une voix rauque: «Réveille-toi! Que t'arrive-t-il? Pourquoi toi, un frère lion, t'enfuis-tu devant moi?»

Le lion-mouton ferma les yeux et bêla en langage de mouton: «Je t'en prie, laisse-moi partir. Ne me tue pas! Je ne suis qu'un mouton du troupeau de là-bas qui s'est enfui et qui m'a laissé.»

«Ah! Je vois maintenant pourquoi tu bêles», s'exclama son ravisseur. Il réfléchit pendant un moment. Puis, avec ses mâchoires puissantes, il saisit le lion-mouton par la crinière et le traîna vers un lac qui se trouvait en lisière du pâturage. Quand ils atteignirent le rivage, il poussa la tête de la créature égarée au-dessus de la surface de l'eau de manière à ce qu'elle puisse y voir son reflet et se mit à la secouer avec vigueur, car le lion-mouton avait toujours les yeux fermés par la peur. « Que t'arrive-t-il ? demanda son ravisseur. Ouvre les yeux et vois que tu n'es pas un mouton. »

« Bêê, bêê, bêê ! Je t'en prie, ne me tue pas. Laisse-moi m'en aller ! Je ne suis pas un lion, mais seulement un pauvre mouton docile », gémit le stupide animal. L'autre lion, gagné par la colère, asséna un grand coup à son prisonnier. Sous l'impact de celui-ci, le lion-mouton ouvrit les yeux et fut tout étonné de voir se refléter dans l'eau, non pas la tête d'un mouton comme il s'y attendait, mais une tête de lion pareille à celle de celui qui le secouait avec sa patte. Alors la puissante créature dit en langage de lion : « Regarde mon visage et le tien se refléter dans l'eau. Ce sont les mêmes ; et ma voix rugit, elle ne bêle pas. Tu dois rugir au lieu de bêler. »

Le lion-mouton, convaincu, tenta de rugir, mais ne réussit tout d'abord qu'à émettre quelques rugissements chevrotants. Mais grâce aux coups de patte et aux exhortations de son nouvel ami, il finit par rugir correctement. Ensuite, les deux lions bondirent à travers champs…

Cette histoire illustre à merveille la façon dont la plupart d'entre nous, bien que faits à l'image toute-puissante du Lion divin de l'Univers, ne se souviennent que d'être nés et avoir été élevés dans la bergerie de la faiblesse humaine. Par conséquent, nous bêlons de peur devant les prédateurs que sont la maladie, la pénurie, le chagrin et la mort, au lieu de clamer haut et fort notre immortalité et notre force, et de chasser en rugissant l'illusion de la mortalité et l'ignorance.

L'INVINCIBLE LION DU SOI

Moi, un lionceau du Lion divin, je me suis trouvé confiné dans un enclos de brebis, tout de faiblesses et de restrictions. Vivant dans la peur constante parmi les moutons depuis longtemps, je bêlais du matin au soir. J'en oubliais mon rugissement terrifiant qui bannit tous les soucis ennemis.

Ô Lion invincible du Soi! Tu m'as entraîné vers le point d'eau de la méditation en me disant: «Tu es un lion, pas un mouton! Ouvre les yeux et rugis!»

Après que Tu m'as rudement secoué dans une urgence spirituelle, je me suis miré dans la fontaine de cristal de la paix. Et j'ai vu, ô merveille, mon visage pareil au Tien!

Je sais maintenant que je suis un lion de force cosmique. Ne bêlant plus, je fais trembler la forêt de l'erreur sous les réverbérations de Ta voix puissante. Dans une divine liberté, je bondis dans la jungle des illusions terrestres, dévorant les petites créatures que sont soucis, contrariétés et timidités, ainsi que les hyènes sauvages de l'incrédulité.

Ô Lion de la Libération, sers-toi toujours de moi pour faire entendre le rugissement de Ton courage conquérant auquel rien ne peut s'opposer!

Tiré de Whispers from Eternity

LE CHEMIN VERS L'INTRÉPIDITÉ PERMANENTE :
VIVEZ VOTRE IMMORTALITÉ GRÂCE À LA MÉDITATION

Vous arrive-t-il de penser que vous avez été complètement déstabilisé par les événements – ébouriffé, secoué, malmené, sans pouvoir vous défendre ? Bannissez de telles pensées ! Vous avez bel et bien du pouvoir, mais vous ne l'utilisez pas. Vous avez tout le pouvoir dont vous avez besoin. Rien n'est plus grand que le pouvoir de l'esprit.

———•———

Il est très important d'analyser pourquoi vous vous comportez ainsi. Certaines personnes sont remplies de peurs ; elles en ont fait une habitude chronique. Elles entretiennent quotidiennement leur peur ; c'est pourquoi leurs journées sont assombries par les soucis et l'anxiété. Quelle logique y a-t-il en cela ? Nous allons tous mourir un jour. Cela n'arrive qu'une seule fois et lorsque le jour est venu, tout est passé. Alors pourquoi avoir peur de la mort ? Pourquoi mourir de peur tous les jours ? Lorsque vous apprenez à raisonner clairement, vous vous apercevez combien de vos comportements et de vos actes quotidiens sont ridicules ; le malheur qu'ils créent est totalement superflu.

Il est vrai que l'ego de l'homme ne prend une certaine forme et personnalité qu'une seule fois. Mais bien que l'ego abandonne les individualités successives de ses incarnations, il conserve cependant, dans des compartiments subconscients, les plaisirs et les terreurs des expériences de toutes ses vies antérieures. Chaque être humain ressent au fond de lui de nombreuses peurs souterraines qui plongent leurs racines dans de sombres expériences de ses vies passées dont il a depuis longtemps perdu le souvenir.

Ceux qui passent leurs séjours terrestres à réagir par des émotions au film onirique interminable de la vie continueront à regarder les images oniriques turbulentes de la mort et des nouvelles incarnations… C'est dans les profondeurs de la méditation et du *samadhi* que l'homme éradique les spectres obsédants de ses peurs inexplicables.

Le chemin vers l'intrépidité permanente

Affranchissez votre esprit des petites habitudes qui vous maintiennent constamment attaché au monde. Souriez de ce sourire perpétuel – le sourire de Dieu. Souriez de ce franc sourire d'audace souveraine – ce sourire d'un million de dollars que personne ne peut vous voler... Vivez chaque seconde dans la conscience de votre relation avec l'Infini.

———•◆•———

Le fait de réaliser que tout pouvoir de penser, parler, sentir et agir vient de Dieu et qu'Il est avec nous à jamais pour nous guider et nous inspirer, nous délivre instantanément de la nervosité. Cette prise de conscience s'accompagne d'éclairs de joie divine ; par moments, une profonde illumination envahit tout notre être, bannissant l'idée même de la peur. Comme un océan, la puissance divine déferle en nous, jaillissant à travers notre cœur en des flots purifiants, arrachant et emportant avec elle toutes ces obstructions illusoires que sont le doute, la nervosité et la peur. On transcende la matière illusoire, la conscience de n'être qu'un corps mortel, en établissant un contact avec la douce sérénité de l'Esprit, ce qui est possible par la méditation quotidienne. C'est alors que l'on se rend compte que le corps est comme une petite bulle d'énergie dans Son océan cosmique.

Dieu a fait de nous des anges d'énergie, enchâssés dans des corps solides – le courant vital rayonnant à travers cette ampoule électrique qu'est la chair –, mais nous nous concentrons actuellement sur les faiblesses et les fragilités de l'ampoule en ayant oublié comment ressentir les propriétés immortelles et indestructibles de la vitalité éternelle, présente dans notre corps de chair périssable.

Vous ne faites que rêver votre corps de chair. Votre moi véritable ou soi est lumière et conscience. Vous n'êtes pas ce corps physique. Le fait que votre corps soit visible trompe la conscience que vous avez de la matérialité. Si vous développez la superconscience – la conscience de votre véritable moi, l'âme – vous réaliserez que le corps n'est qu'une simple projection de ce soi intérieur invisible. Vous pourrez ensuite faire de votre corps ce que vous voudrez. Mais n'essayez pas dès maintenant de marcher sur l'eau !

L'élan religieux doit viser à transformer notre conscience qui croit en un corps mortel et périssable afin qu'elle réalise que cette chair «solide» se compose d'énergie immortelle et impérissable, densifiée ou «gelée» en une forme humaine. Et cette forme est maintenue en vie par l'Énergie cosmique, cette intelligence divine suprême qui se trouve en nous et autour de nous...

L'énergie pure ne peut être touchée par les accidents de voiture, les rhumatismes, l'appendicite, le cancer ou la tuberculose – pas plus qu'elle ne peut périr par l'épée, les balles ou le feu. Nous avons besoin d'une religion pratique qui nous enseigne comment devenir conscients de nous-mêmes en tant qu'âmes enchâssées dans des corps d'énergie lumineuse et éternelle.

———•·•———

Orientez le projecteur de votre attention vers l'intérieur, le détournant de l'homme visible et limité. Le corps physique souffre de maux de tête et d'estomac et, l'âge aidant, de décrépitude. C'est un petit animal des plus pernicieux! Tout le temps en train de se plaindre et de réclamer quelque chose! L'homme visible ne peut supporter les revers; il lui arrive parfois de se hérisser pour une vétille. L'homme invisible est intouchable, rien ne peut l'atteindre.

Il est libre. Il peut écarter tous les problèmes du corps physique. L'homme invisible en vous est ce que vous êtes vraiment. « Sache que Celui par qui tout a été manifesté et pénétré est impérissable. Nul ne possède le pouvoir d'amener la destruction de cet Esprit immuable [1]. »

Vous pensez être le corps, mais vous ne l'êtes pas. Un morceau de glace peut être liquéfié et disparaître ensuite par évaporation. Ce processus peut être inversé en condensant la vapeur en liquide et en recongelant le liquide pour qu'il se solidifie à nouveau en glace. L'homme ordinaire n'a pas encore appris à accomplir des transformations similaires avec ses atomes corporels, mais le Christ a prouvé que cela pouvait être réalisé...

Nous approchons de cette période de l'évolution durant laquelle nous nous rendrons de plus en plus compte que nous sommes véritablement des êtres invisibles, des âmes. Vivre en étant uniquement conscient de ce corps visible, fait de chair, retarde l'évolution spirituelle, car le corps est sujet à la souffrance due aux maladies, aux accidents, à la pauvreté, à la faim et à la mort. Nous ne devrions pas avoir envie de penser de nous-mêmes comme étant ce corps visible, vulnérable et périssable. L'homme

[1] Bhagavad Gita II : 17.

invisible que nous sommes ne peut être ni blessé ni tué. Ne devrions-nous pas redoubler d'efforts pour réaliser notre nature immortelle qui nous est encore inconnue ? En améliorant nos connaissances sur le soi, ce moi invisible, nous serons en mesure de maîtriser l'homme visible, tout comme les grands maîtres le font. Même lorsque l'homme visible est en détresse, l'homme invisible intérieur, conscient de ses pouvoirs divins, peut rester détaché de toute souffrance physique.

Comment parvenir à une telle maîtrise ? Tout d'abord, vous devez apprendre à vivre davantage dans le silence et vous devez apprendre à méditer. À première vue, cela peut paraître dénué d'intérêt ; vous êtes restés si étroitement lié avec ce corps visible qu'il vous est difficile de penser à autre chose qu'à ses problèmes incessants, ses désirs et ses exigences. Mais faites un effort. Les yeux fermés, répétez inlassablement : « Je suis fait à l'image de Dieu. Ma vie ne peut être détruite d'aucune façon. Je suis un être invisible et éternel. »

Cet être invisible est fait à l'image de Dieu, libre comme l'Esprit. C'est dans l'homme visible que résident tous les problèmes et toutes les restrictions du monde. Chaque fois que nous sommes conscients de notre corps, nous sommes enchaînés aux restrictions du corps. C'est pourquoi les grands maîtres nous enseignent à nous recueillir les yeux clos et à nous souvenir, en méditant sur le soi invisible, que nous ne sommes pas limités à ce que nos corps physiques peuvent accomplir…

Dans la méditation, vous scrutez l'obscurité située derrière vos yeux clos et vous concentrez votre attention sur l'âme, votre soi intérieur invisible. Votre développement spirituel se fera progressivement si vous apprenez à maîtriser vos pensées et à intérioriser votre esprit par la pratique des techniques de méditation scientifiques, dispensées par le guru : vos méditations gagneront en profondeur et votre soi invisible, l'image de Dieu en vous, votre âme, deviendra une réalité pour vous. Dans ce joyeux éveil de la réalisation du Soi, la conscience limitée du corps, qui paraissait si réelle, devient irréelle. Et vous savez alors que vous avez trouvé votre véritable moi invincible et son unité avec Dieu.

Faites un effort suprême pour atteindre Dieu. Je vous parle de vérité pratique, de bon sens et je vous offre une philosophie qui effacera en vous toute la conscience que vous pouvez avoir de la douleur. N'ayez peur de rien…

Le chemin vers l'intrépidité permanente

Méditez avec foi et intensité, et un beau jour, vous vous éveillerez extasié en Dieu et verrez à quel point les hommes sont insensés de penser qu'ils souffrent. Vous, moi et eux ne sommes tous que pur Esprit.

———•———

Ô Protecteur omniprésent ! Lorsque les nuages de la guerre font tomber des pluies de gaz et de feu, puisses-Tu être mon abri qui me protège des bombes.

Dans la vie et dans la mort, dans la maladie, la famine, la peste ou la pauvreté, puissé-je toujours m'accrocher à Toi. Aide-moi à réaliser que je suis Esprit immortel, imperturbable aux changements de l'enfance, de l'adolescence et de la vieillesse comme aussi au cours agité du monde.

Tiré de *Whispers from Eternity*

TROUVER LA CERTITUDE INTÉRIEURE QUE DIEU EST AVEC VOUS

Le mot « foi » en sanskrit est merveilleusement expressif. C'est *visvas*. La traduction usuelle « respirer avec aise ; avoir confiance ; être sans peur » ne rend pas toute la signification. *Svas* en sanskrit se réfère au mouvement de la respiration, ce qui sous-entend la vie et le domaine des sentiments. *Vi* a le sens de « opposé ; sans ». C'est-à-dire que celui dont la respiration, la vie et les sentiments sont calmes peut accéder à la foi née de l'intuition ; les personnes qui sont agitées sur le plan émotionnel ne peuvent la posséder. Pour pouvoir cultiver le calme intérieur, il faut que la vie intérieure puisse se déployer. Lorsque l'intuition est suffisamment développée, elle amène une compréhension immédiate de la vérité. Vous pouvez parvenir à cette réalisation merveilleuse. La méditation en est le chemin.

Les passages traduits sont extraits de *Journey to Self-realization* (*Collected Talks and Essays, Volume III*, de Paramahansa Yogananda).

Méditez avec patience et persévérance. Dans le calme du recueillement, vous entrerez dans le royaume de l'intuition de l'âme. À travers les âges, les êtres ayant atteint l'illumination furent ceux qui eurent recours à ce monde intérieur de la communion avec Dieu. Jésus a dit : « Mais quand tu pries, entre dans ta chambre, ferme ta porte, et prie ton Père qui est là dans le lieu secret ; et ton Père, qui voit dans le secret, te le rendra[1]. » Rentrez en votre âme en fermant les portes des sens, coupant ainsi leurs liens avec l'agitation du monde, et Dieu vous révèlera toutes Ses merveilles.

Si vous vivez en étant conscient que vous êtes Son enfant et qu'Il est votre Père, et si vous prenez la résolution de faire tout votre possible avec une détermination tenace, alors, malgré les obstacles, même si vous faites des erreurs, Sa puissance sera là pour vous aider. Ma vie suit cette loi…

Alors que je me trouvais à San Francisco [en 1925], je n'avais que 200 dollars en banque et j'étais sur le point de débuter une tournée de conférences. Je n'avais même pas la somme nécessaire pour commencer alors qu'il fallait régler plusieurs lourdes factures. Je me suis dit : « Dieu est

---

[1] Matthieu 6, 6.

avec moi. Il m'a mis dans cette situation et Il prendra soin de moi. C'est pour Son œuvre que je travaille ; je sais qu'Il m'aidera. » Si le monde entier vous abandonne, mais que vous *savez* qu'Il est avec vous, Ses lois feront des merveilles pour vous.

Lorsque mon secrétaire vint me voir et que je lui révélais le solde de notre compte en banque, il s'effondra littéralement au sol. Je lui dis : « Relève-toi. » Il tremblait : « Nous allons nous retrouver en prison pour n'avoir pas payé nos factures ! » Je lui répondis : « Nous n'irons pas en prison. Dans moins d'une semaine, nous aurons tout l'argent nécessaire pour notre tournée. »

Il était aussi incrédule que saint Thomas, mais moi j'avais foi. Je n'avais nul besoin d'argent pour moi-même, mais pour disséminer l'œuvre de Dieu. Je ne ressentais nulle peur, même pas face à l'énormité de mon problème. La peur a peur de moi. Qu'y a-t-il à craindre ? Rien ne devrait vous effrayer. Faites face à tous vos problèmes avec la foi en Dieu et vous vaincrez. La Bhagavad Gita dit : « Le cœur absorbé en Moi, et par Ma grâce, tu surmonteras tous les obstacles[1]. »

[1] XVIII : 58.

Voyez un peu! Je passais devant l'Hôtel Palace lorsqu'une dame âgée vint vers moi et me dit: «Puis-je vous parler?» Nous échangeâmes quelques mots puis, sans transition, elle me dit: «J'ai de l'argent à foison. Puis-je vous aider?»

Je lui répondis: «Je n'ai pas besoin de votre argent. Pourquoi voudriez-vous m'en offrir alors que vous ne me connaissez même pas?»

Elle répliqua: «Mais si, je vous connais; j'ai tellement entendu parler de vous.» Et, sur-le-champ, elle me signa un chèque de 27 000 dollars. Je vis en cela la main de Dieu...

Je vis par ma foi en Dieu. Ma puissance, c'est Dieu. Je ne crois en nulle autre puissance. Comme je me concentre sur cette puissance suprême, elle fonctionne à travers moi... Cette même puissance divine fonctionne aussi à travers vous. Vous verrez qu'il en est ainsi, si vous avez la foi et la conviction que la prospérité ne vient pas de sources matérielles, mais de Dieu.

Le Seigneur ne vous dit pas que vous ne devez pas penser à vous, ni que vous ne devez pas faire preuve d'initiative. Vous devez faire votre part. En fait, si par manque de foi et de communion divine vous vous coupez de la source divine, par des actes et des désirs erronés, vous ne pourrez pas recevoir Son aide toute-puissante. Mais si vous êtes guidé par votre liaison avec Dieu, Il vous aidera à faire exactement ce qu'il faut faire et à éviter les erreurs.

La meilleure façon de commencer est de faire des méditations profondes, matin et soir, régulièrement. Plus vous méditerez, plus vous réaliserez que, derrière le royaume de la conscience ordinaire, il existe un ailleurs où règnent une paix et un bonheur immenses. Pratiquez la présence de cette paix et de ce bonheur, car c'est la première preuve de votre contact avec Dieu. C'est la réalisation consciente de la Vérité en votre for intérieur. C'est ce dont vous avez besoin.

Voilà la manière de vénérer la Vérité ; car nous ne pouvons vénérer que ce dont nous faisons l'expérience. La plupart des gens vénèrent Dieu comme une abstraction intangible ; mais lorsque vous commencerez à adorer Dieu comme étant réel, par le vécu de votre perception intérieure, vous ressentirez de plus en plus Sa présence et Sa puissance dans votre vie. Vous pourrez essayer ce que vous voudrez, rien ne produira ce contact avec Dieu qui vient de la méditation profonde. Des efforts fervents pour augmenter cette paix et ce bonheur intérieurs, nés de la méditation, constituent le seul moyen de réaliser Dieu.

Trouver la certitude intérieure que Dieu est avec vous

Le bon moment pour prier Dieu de vous guider est celui qui suit une méditation, lorsque vous ressentez cette paix et cette joie au fond de vous, c'est-à-dire après que vous avez établi la liaison divine. Si vous estimez avoir un besoin quelconque, vous pouvez alors le soumettre à Dieu en Lui demandant si cette prière est fondée. Si vous sentez que votre besoin est justifié, priez ainsi : « Seigneur, Tu sais que tel est mon besoin. J'utiliserai ma raison, je ferai preuve de créativité, je ferai tout ce qui est nécessaire. Tout ce que je Te demande, c'est que Tu guides ma volonté et ma créativité afin que je fasse exactement ce qu'il faut faire. »

Soyez honnête avec Dieu. Il a peut-être quelque chose de mieux pour vous que l'objet de votre prière. C'est un fait que vos prières les plus ferventes et vos désirs les plus ardents sont parfois vos plus grands ennemis. Parlez avec Dieu avec sincérité et justesse, puis laissez-Le décider ce qui est bon pour vous. Si vous êtes réceptif, Il pourra vous guider, Il travaillera avec vous. N'ayez crainte de rien, même si vous faites des erreurs. Ayez confiance. Sachez que Dieu est avec vous. Laissez-vous guider par la puissance divine dans tout ce que vous faites. Elle est infaillible. Cette vérité s'applique à chacun d'entre vous.

L'ABSENCE DE PEUR, C'EST LA FOI EN DIEU

L'absence de peur est le rocher imprenable sur lequel la forteresse de la vie spirituelle doit être érigée. L'absence de peur, c'est la foi en Dieu : la foi en Sa protection, Sa justice, Sa sagesse, Sa miséricorde, Son amour, Son omniprésence…

La peur dépossède l'homme de l'irréductibilité de son âme. Bouleversant les œuvres harmonieuses de la Nature émanant de la source intérieure de puissance divine, la peur provoque des troubles physiques, psychologiques et spirituels. Une peur extrême peut même arrêter le cœur et causer une mort subite. Des états anxieux permanents génèrent des complexes psychologiques et de la nervosité chronique.

La peur resserre les liens de l'esprit et du cœur (les émotions) avec notre être extérieur de sorte que la conscience s'identifie avec la nervosité physique ou psychologique ; l'âme reste donc fixée sur l'ego, le corps et les objets de la peur. Le disciple devrait faire fi de toute appréhension, réalisant que ce ne sont que des écueils qui l'empêchent de se concentrer sur la paix imperturbable de son âme…

La mort est peut-être l'ultime défi de la foi pour l'homme mortel. Craindre cet événement inéluctable est bien vain. Il ne se produit qu'une fois dans une vie ; et une fois qu'il s'est produit, l'expérience est terminée sans avoir affecté notre véritable identité, ni avoir diminué notre être authentique d'aucune façon.

La maladie est également un gant jeté à la foi pour la défier. Un malade devrait faire de son mieux pour essayer de se débarrasser de sa maladie. Puis, même si les médecins déclarent qu'il n'y a plus d'espoir, il devrait rester calme, car la peur ferme les yeux de la foi à la Présence omnipotente et compatissante de Dieu. Au lieu de se laisser aller à l'anxiété, il devrait affirmer : « Je suis encore et toujours à l'abri dans la forteresse de Tes soins aimants. » Le disciple sans peur qui succombe à une maladie incurable se concentre sur le Seigneur et se prépare à être libéré de sa prison corporelle pour connaître une vie glorieuse dans le monde astral. Ainsi, il se rapproche de son but qui est la libération suprême dans sa prochaine vie. Un homme qui meurt dans la terreur, après avoir succombé au désespoir en abandonnant sa foi en Dieu ainsi que le souvenir de sa nature immortelle, emporte avec lui vers son incarnation suivante le sombre schéma de la peur et de la faiblesse ; cette empreinte risque fort de lui attirer des infortunes du même genre – la suite de la leçon karmique qu'il n'a pas encore retenue. Le disciple héroïque, en revanche, même s'il perd dans son combat avec la mort, gagne la bataille de sa liberté. Tous les hommes sont destinés à réaliser que la conscience de l'âme peut triompher de tous les désastres externes.

Lorsque la peur subconsciente envahit constamment l'esprit malgré toute la résistance psychologique qu'on lui oppose, cela indique la présence d'un schéma karmique profondément enraciné. Le disciple devra décupler ses efforts pour dévier son attention en insufflant des pensées de courage dans sa conscience. De plus, et c'est le plus important, il devrait se remettre totalement entre les mains fiables de Dieu. Pour être prêt à la réalisation du Soi, l'homme doit être sans peur.

La foi suprême : s'abandonner sans peur à Dieu

La vie, son essence et son but, est une énigme ardue, mais il n'est pas impossible de la résoudre. Grâce à notre pensée progressiste, nous élucidons tous les jours certains de ses secrets... Mais malgré tous nos moyens, nos stratégies et nos astuces, il semble que nous soyons toujours des jouets du destin et que nous ayons encore beaucoup de chemin à parcourir avant de gagner notre indépendance face à la domination de la nature.

Être constamment à la merci de la nature n'est certainement pas la liberté. L'enthousiasme de nos esprits est durement entamé par le sens du désespoir lorsque nous sommes victimes d'inondations, de tornades ou de tremblements de terre ; ou lorsque, sans raison apparente, des maladies ou des accidents arrachent à notre tendre affection les êtres qui nous sont chers. Dans ces moments-là, il nous apparaît clairement que nous n'avons, en fait, pas encore conquis grand-chose. Malgré tous nos efforts pour faire de notre vie ce que nous désirons qu'elle soit, il restera toujours sur cette planète certains facteurs introduits — infiniment nombreux et dirigés par une Intelligence inconnue opérant sans notre initiative — qui échappent à notre emprise… En dépit de toutes nos certitudes, nous devons tant bien que mal supporter une existence incertaine…

De là, la nécessité d'avoir une confiance dénuée de toute crainte en notre véritable Soi immortel ainsi qu'en la Déité suprême à l'image de laquelle ce Soi est fait – donc, une foi capable d'agir sans égoïsme et de cheminer allègrement, indifférente à toute anxiété ou contrainte.

Exercez-vous à vous abandonner dans une confiance absolue à cette Puissance supérieure. Si vous avez pris aujourd'hui la résolution d'être libre et sans peur, et que demain vous vous retrouviez dans un état lamentable parce que vous avez attrapé la grippe, ne vous chagrinez pas pour autant. Ne faiblissez pas ! Donnez l'ordre à votre conscience de rester fermement ancrée dans la foi. Le Soi ne peut être contaminé par la maladie. Les maladies du corps s'abattent sur vous par la loi des habitudes néfastes à la santé que vous vous êtes créées et qui se sont logées dans votre subconscient. De telles manifestations karmiques ne réfutent pas l'efficacité, le pouvoir dynamique de la foi.

Tenez bon la barre de la foi et si vous deviez être ballotés par des vagues adverses, ne déviez pas de votre cours. Soyez plus déchaîné que la fureur de l'infortune et plus audacieux que les dangers qui vous assaillent. Plus l'influence dynamique de cette foi nouvelle sera à l'œuvre en vous, plus l'esclavage induit par vos faiblesses disparaîtra. Le rapport est proportionnel.

Aucun globule rouge ne peut circuler en vous, aucun souffle d'air ne peut pénétrer dans vos narines sans les ordres du Seigneur. Par conséquent, la confiance absolue en Dieu est le critère de la foi. Cet abandon n'a rien de la paresse ou d'une attente que Dieu fasse tout à votre place — un effort maximal est nécessaire de votre part pour obtenir le résultat escompté —, c'est avant tout un abandon par amour pour Dieu et une vénération de Sa suprématie.

———•———

Mon œuvre sera achevée lorsque j'aurai éveillé en vous une infime étincelle de l'amour que je ressens pour mon Père. [Dans ma jeunesse,] il m'a fallu beaucoup de temps pour arriver à Le connaître ; il me semblait que je n'y réussirais jamais dans cette vie, tant mon mental était agité. Mais chaque fois que que mon esprit essayait de me jouer un tour afin que je délaisse ma méditation, je déjouais sa ruse : « Je resterai assis, peu importe les bruits ou les distractions qui se présenteront. Et même si je devais mourir d'effort, je persisterai jusqu'à la fin. » Comme je persévérais ainsi, une vision fugitive de l'Esprit divin m'apparaissait quelquefois ; telle une étincelle, si proche et pourtant si lointaine, surgissant pour s'évanouir aussitôt. Mais je restais déterminé. Dans le silence de l'invisible, armé d'une détermination infinie, que de temps j'ai passé à attendre ! Plus ma concentration devenait profonde, plus Ses assurances devenaient claires et nettes. Maintenant, Il est sans cesse avec moi.

Vous êtes bénis de pouvoir entendre ce message divin, le message de l'Esprit, le message qui résout tous les mystères de l'univers. Que craignez-vous donc ? Chassez toute peur ! Il n'y a plus rien à craindre lorsque l'on a touché le Grand Pouvoir de l'Esprit qui commande aux forces mêmes de la Création, à la marche de tout cet univers. Quel plus grand espoir pourriez-vous avoir, quelle sécurité supérieure pourriez-vous rechercher, sinon le contact de l'Être infini qui est l'essence de tout ce qui existe ?...

Il est le seul havre de sécurité au milieu des tempêtes de ce monde. « Prends refuge en Lui avec toute l'ardeur de ton cœur. Par Sa grâce tu obtiendras la paix suprême et le Séjour éternel[1]. » En Lui j'ai trouvé la joie de ma vie, la bénédiction indescriptible de mon existence, la réalisation

---

[1] Bhagavad Gita XVIII : 62.

L'absence de peur, c'est la foi en Dieu

merveilleuse de Son omniprésence en moi. Je désire que vous ayez tous cela.

ÉPILOGUE

*« Restez inébranlables dans le fracas
des mondes qui s'écroulent »*

Au fil du temps vous devrez finalement réaliser que vous faites partie de l'Être suprême. Faites de la réalisation en Dieu votre but. Mahavatar Babaji disait que même une parcelle de ce *dharma* – l'action juste, la quête de Dieu – vous sauvera de terribles peurs[1].

La perspective de la mort, de l'échec ou d'autres troubles funestes éveille en l'homme une grande terreur. Quand vous êtes impuissants à vous aider, quand votre famille ne peut rien faire pour vous et quand plus personne ne peut vous secourir, dans quel état est votre esprit ? Pourquoi vous autorisez-vous à entrer dans un tel état ? Trouvez Dieu et ancrez-vous en Lui.

Qui était avec vous avant que quiconque ne le fût ? Dieu. Et quand vous quitterez cette terre, qui sera avec vous ? Nul autre que Dieu. Mais vous ne pourrez pas Le

---

[1] Paraphrase de la Bhagavad Gita II : 40. Mahavatar Babaji, le premier de la lignée des maîtres précédant Paramahansa Yogananda et ayant atteint l'illumination en Dieu, citait souvent ce verset lorsqu'il parlait du *Kriya Yoga*.

Épilogue

connaître à ce moment-là, à moins de vous lier d'amitié avec Lui maintenant. Si vous cherchez Dieu avec ferveur, vous Le trouverez.

———•———

Le temps est venu pour vous d'apprendre et de comprendre le but de la religion : comment contacter cette Joie surnaturelle, qui est Dieu, le grand Consolateur éternel. Si vous pouvez trouver cette Joie et si vous pouvez la garder en permanence, peu importe ce qui vous adviendra dans la vie, vous resterez inébranlables dans le fracas des mondes qui s'écroulent.

———•———

N'ayez peur de rien. Même si vous êtes ballottés sur les vagues de la tempête, vous êtes quand même dans le sein de l'océan. Attachez-vous toujours à être conscients de la présence sous-jacente de Dieu. Restez équanimes et dites : « Je suis sans peur ; je suis fait de la substance de Dieu. Je suis une étincelle du Feu de l'Esprit. Je suis un atome de la Flamme cosmique. Je suis une cellule du vaste corps universel du Père. "Moi et le Père nous sommes Un". »

SUR L'AUTEUR

Paramahansa Yogananda (1893-1952) est considéré dans le monde comme l'une des plus éminentes figures spirituelles de notre temps. Né en Inde du Nord, il vint s'établir aux États-Unis en 1920 où, pendant plus de trente ans, il enseigna la science ancestrale de la méditation propre à l'Inde et l'art de vivre une vie spirituelle équilibrée. Grâce à la célèbre *Autobiographie d'un yogi*, dans laquelle il relate l'histoire de sa vie et à ses nombreux autres ouvrages, Paramahansa Yogananda fit connaître à des millions de lecteurs la sagesse intemporelle de l'Orient. Aujourd'hui, son œuvre spirituelle et humanitaire se poursuit par l'intermédiaire de la Self-Realization Fellowship[1], l'organisation internationale qu'il fonda en 1920 pour répandre ses enseignements dans le monde entier. L'actuel président et chef spirituel de la Self-Realization Fellowship est Frère Chidananda.

Un film documentaire plusieurs fois primé sur la vie et l'œuvre de Paramahansa Yogananda, *Awake: The Life of Yogananda*, est sorti en octobre 2014.

---

[1] Littéralement : « Association de la réalisation du Soi. » Paramahansa Yogananda a expliqué que le nom *Self-Realization Fellowship* signifie : « Communion avec Dieu à travers la réalisation du Soi et amitié avec tous ceux qui cherchent la Vérité. »

RESSOURCES SUPPLÉMENTAIRES SUR LES TECHNIQUES DE KRIYA YOGA ENSEIGNÉES PAR PARAMAHANSA YOGANANDA

La Self-Realization Fellowship se consacre à aider gratuitement les chercheurs de vérité du monde entier. Pour obtenir des informations sur nos cycles de cours et de conférences publiques donnés chaque année, sur les méditations et les services divins qui ont lieu dans nos temples et nos centres à travers le monde, ainsi que sur les programmes des retraites et nos autres activités, nous vous invitons à consulter notre site Internet ou à contacter notre siège international :

www.yogananda.org
Self-Realization Fellowship
3880 San Rafael Avenue
Los Angeles, CA 90065-3219, U.S.A.
Tél +1(323) 225-2471

Chez le même éditeur :

AUTOBIOGRAPHIE D'UN YOGI
de Paramahansa Yogananda

Cette biographie acclamée offre en même temps le récit captivant d'une vie extraordinaire et un aperçu pénétrant, absolument inoubliable, des mystères ultimes de l'existence humaine. Saluée comme une œuvre capitale de la littérature spirituelle lorsqu'elle parut pour la première fois sous forme imprimée, elle reste toujours l'un des livres les plus lus et les plus respectés dans le domaine de la sagesse orientale.

Avec une franchise attachante, une éloquence remarquable et beaucoup d'esprit, Paramahansa Yogananda déroule un récit plein d'inspiration, celui de sa vie : depuis les expériences de son enfance hors du commun, en passant par ses rencontres avec de nombreux saints et sages durant sa quête de jeunesse à travers l'Inde pour trouver un maître illuminé, sans oublier ses dix années d'apprentissage dans l'ermitage d'un maître de yoga révéré, jusqu'aux trente années pendant lesquelles il vécut et enseigna en Amérique. Il raconte également ses rencontres avec Mahatma Gandhi, Rabindranath Tagore, Thérèse Neumann et d'autres personnalités spirituelles célèbres d'Orient et d'Occident. Sont inclus également de nombreux éléments qu'il ajouta après la parution de la première édition en 1946 ainsi qu'un chapitre final sur ses dernières années sur terre.

Considérée comme un grand classique des temps moderne en matière de spiritualité, *Autobiographie d'un yogi* fournit une introduction approfondie sur la science ancestrale du yoga. Traduite dans de nombreuses langues, elle figure parmi les œuvres au programme de beaucoup d'universités. Best-seller impérissable, ce livre a su conquérir les cœurs de millions de lecteurs dans le monde entier.

———•✦•———

«Un récit hors du commun.» THE NEW YORK TIMES

«Une étude fascinante et clairement annotée.»
NEWSWEEK

«Rien de ce qui a jusqu'à présent été écrit en anglais ou en toute autre langue européenne ne surpasse cette présentation du yoga.» COLUMBIA UNIVERSITY PRESS

PUBLICATIONS DE LA SELF-REALIZATION FELLOWSHIP DES ENSEIGNEMENTS DE PARAMAHANSA YOGANANDA

Disponibles en librairie ou directement auprès de l'éditeur :

Self-Realization Fellowship
3880 San Rafael Avenue • Los Angeles, CA 90065-3219, U.S.A.
Tél +1(323) 225-2471 • Fax +1(323) 225-5088
www.yogananda.org

TRADUITS EN FRANÇAIS

Autobiographie d'un yogi

À la Source de la Lumière

Ainsi parlait Paramahansa Yogananda

La quête éternelle de l'homme

La Science de la Religion

La loi du succès

Comment converser avec Dieu

La Science sacrée *de Swami Sri Yukteswar*

Relation entre Gourou et Disciple *de Sri Mrinalini Mata*

Rien que l'Amour *de Sri Daya Mata*

EN ANGLAIS

RECUEILS DE DISCOURS ET D'ESSAIS
Volume I : Man's Eternal Quest
Volume II : The Divine Romance
Volume III : Journey to Self-realization

The Second Coming of Christ: The Resurrection of the Christ Within You

God Talks with Arjuna: The Bhagavad Gita

Wine of the Mystic: The Rubaiyat of
Omar Khayyam – A Spiritual Interpretation

Whispers from Eternity

The Yoga of the Bhagavad Gita

The Yoga of Jesus

In the Sanctuary of the Soul

Inner Peace

Why God Permits Evil and How to Rise Above It

To be Victorious in Life

Metaphysical Meditations

Scientific Healing Affirmations

Songs of the Soul

Cosmic Chants

ENREGISTREMENTS AUDIO DE PARAMAHANSA YOGANANDA

Beholding the One in All

The Great Light of God

Songs of My Heart

To Make Heaven on Earth

Removing All Sorrow and Suffering

Follow the Path of Christ, Krishna, and the Masters

Awake in the Cosmic Dream

Be a Smile Millionaire

One Life Versus Reincarnation

In the Glory of the Spirit

Self-Realization: The Inner and the Outer Path

AUTRES PUBLICATIONS
DE LA
SELF-REALIZATION FELLOWSHIP

Le catalogue comprenant la liste complète des livres et des enregistrements audio et vidéo de la Self-Realization Fellowship est disponible sur demande.

Finding the Joy Within You: Personal Counsel for God-Centered Living *de Sri Daya Mata*

God Alone: The Life and Letters of a Saint *de Sri Gyanamata*

"Mejda": The Family and the Early Life of Paramahansa Yogananda *de Sananda Lal Ghosh*

Self-Realization (un magazine fondé par Paramahansa Yogananda en 1925)

TABLE DES MATIÈRES

Faites de votre vie une aventure divine	I
Pensées pour l'âme sans peur	9
Antidotes pratiques contre la peur et l'anxiété	12
Éliminez les parasites de la peur de votre radio mentale	17
Un esprit fort dans un corps sain	25
Puissé-je surmonter la peur	27
Dégager sa conscience de toute inquiétude	28
Le lion qui devint un mouton	37
L'invincible lion du Soi	42
Le chemin vers l'intrépidité permanente : Vivez votre immortalité grâce à la méditation	43
Trouver la certitude intérieure que Dieu est avec vous	52
L'absence de peur, c'est la foi en Dieu	58
Épilogue : «Restez inébranlables dans le fracas des mondes qui s'écroulent»	66

www.ingramcontent.com/pod-product-compliance
Lightning Source LLC
Chambersburg PA
CBHW031416040426
42444CB00005B/591